ANDRÉ

TIRAQUEAU

PAR

M. LE BARON BOURGNON DE LAYRE,

Conseiller à la Cour royale de Poitiers, Officier de la Légion-d'Honneur, Membre de la Société d'Agriculture, Belles-Lettres, Sciences et Arts de Poitiers, de la Société des Antiquaires de l'Ouest, de celle de Picardie, etc.

POITIERS,

DE L'IMPRIMERIE DE SAURIN FRÈRES.

1840.

AVIS AU LECTEUR.

Ce morceau avait été composé pour la *Société des Antiquaires de l'Ouest*, et avait été lu à sa séance mensuelle de juillet 1839.

Peu après, sur le rapport de la commission d'impression, le conseil d'administration de la Société *décida* qu'il serait inséré intégralement dans le volume de ses Mémoires pour l'année 1839.

Mais en corrigeant les épreuves, l'auteur ayant reconnu *qu'on* s'était permis de faire des changements ou suppressions dans son manuscrit, *sans avoir demandé son agrément*, le retira des mains de l'imprimeur.

ANDRÉ TIRAQUEAU.

INTRODUCTION.

Un immense mouvement fut imprimé aux esprits pendant le xvie siècle. La réforme religieuse, ce grand schisme de l'Occident (1) qui devait porter le trouble dans tant de consciences ; la découverte du continent américain , qui allait jeter la perturbation dans le mouvement commercial des nations ; celle de la poudre à canon , qui renversait l'ancienne tactique en modifiant les chances des combats ; et surtout l'invention de l'imprimerie , cet art sacré , don du génie , destiné à éclairer le monde , imposent à cette

---

(1) On désigne d'ordinaire , sous le nom de *grand schisme d'Occident*, celui qui divisa la chrétienté après Grégoire XI , mort en 1378. On sait que l'Europe se partagea alors et reconnut différents papes, qui s'ana-thématisaient réciproquement en se disputant le pouvoir ; mais l'unité se rétablit après de longs déchirements.

Le protestantisme qui , à la voix de *Luther* et de *Calvin*, enleva à l'église catholique la moitié de ses communiants , peut sans doute , à plus juste titre , être appelé le *grand schisme d'Occident*.

Schisme. — Division , séparation de communion religieuse , du grec σχιζω , je divise. (Diction. de Boiste.)

1

époque de nos annales un caractère de véritable grandeur (1).

L'Europe entière s'était émue à cette quadruple et vive secousse qui, presque simultanément, venait ébranler sa vieille organisation jusque dans ses fondements. Le fléau de la guerre, avec ses diverses et cruelles fatalités, devait, comme toujours, accroître et compliquer les difficultés, en s'envenimant de la violence des troubles civils, des rivalités

---

(1) 1° *La poudre à canon*, ce mélange de salpêtre, de soufre et de charbon, ne fut découverte ou inventée, en Europe, que vers 1350, quoiqu'on ait prétendu que Bacon en avait eu quelques notions dès 1294, et que les Chinois la connaissaient longtemps avant; mais cet agent formidable ne reçut application en grand, à la guerre, que dans le xvii° siècle. En effet, ce ne fut qu'en 1436 qu'on imagina les premières armes à feu, bien imparfaites alors, sans doute, et dont l'usage était fort restreint, quoique sous Charles VIII, l'armée eût déjà une grosse artillerie assez importante. En 1503, on employa, pour la première fois, les mines de guerre, à l'aide de la poudre, au château de l'Œuf, à Naples : en 1517, parurent les premiers fusils et pistolets à ressorts; et en 1539 seulement, on se servit de canons sur les vaisseaux....

2° L'idée-mère de l'*imprimerie* remonte à 1430 : elle se répandit en Europe en 1441 ; en l'année 1452, elle reçut d'heureux perfectionnements par le jet des caractères isolés en moule, qui d'abord n'avaient été que gravés ensemble sur bois. En 1462, une première imprimerie fut montée à Paris; mais l'effet de cette admirable invention ne commença à être fortement ressenti qu'après 1500 : ce ne fut même qu'en 1531 que François Ier fonda l'imprimerie royale à Paris.

3° La première *découverte* de quelques points de l'*Amérique* n'eut lieu qu'en 1492, tout à la fin du xv° siècle, et pourtant la boussole était connue depuis 1300 !

4° Enfin, la *réforme de Luther*, déjà préparée sans doute dans les esprits par divers sectaires, n'éclata que vers 1517.

J'ai donc été bien fondé à dire que ces quatre grands événements vinrent, *à la fois*, agiter le xvi° siècle.

nationales et de l'implacable esprit de secte : on avait évidemment à redouter un bouleversement total , et une révolution générale semblait imminente. Mais, en même temps, une puissante direction imprimée à la marche des affaires , et qu'on ne saurait attribuer au hasard , fit tourner principalement l'activité des têtes vers les belles-lettres , les sciences et les arts , et le système social établi put encore se maintenir à l'aide de cette habile diversion.

L'esprit d'investigation , d'examen et de critique , pénétra toutefois ailleurs que dans les disputes de l'école et dans les matières de controverse religieuse : le protestantisme novateur , s'attaquant audacieusement au pouvoir papal , alors chef de la grande famille européenne , et semblant s'appuyer sur l'intérêt des masses qui jalousent toujours la puissance , préludait ainsi à l'ardeur des discussions politiques , et l'on reconnaissait généralement que, tôt ou tard, les gouvernements eux-mêmes assumeraient la rude tâche de justifier , ou du moins de défendre , les principes et les bases de leurs constitutions diverses.

Il fallait donc donner le change à ces imaginations ardentes qui menaçaient de tout embraser; et sous l'impulsion, sans doute calculée, des conseillers de *Léon X* et de *François Ier* , la question sociale fut en quelque sorte tacitement prorogée. Les autres souverains contemporains avaient instinctivement senti qu'il était de leur intérêt d'admettre une politique analogue à celle des cours du Louvre et du Vatican , et toute l'activité gouvernementale parut , en Europe , obéir à une volonté unique. Les lettres furent partout royalement protégées ; les beaux-arts, et surtout la peinture , la sculpture , l'architecture , la musique , se virent encouragés par un luxe inouï d'honneurs , de récompenses , et brillèrent ainsi d'un éclat prestigieux ; les écrivains en tous genres, poëtes, orateurs, philosophes, historiens ; les savants, les artistes les plus célèbres, surgirent de toutes parts, comme à l'envi, surtout en Italie et en France. On eût dit que le génie de l'homme était animé d'une nouvelle vie, et ce grand cataclysme intellectuel a donné à ces temps, qui grandissent encore en s'éloignant de nous, le nom glorieux, le nom impérissable de *siècle de la Renaissance.*

Il ne peut entrer dans le plan que j'ai dû me tracer, d'essayer à décrire ici les merveilles qu'enfanta cette gigantesque commotion, et mes efforts y seraient impuissants. Les historiens n'ont pas d'ailleurs manqué à cette noble mission ; *Hume, Velly, Voltaire, Heine,* et les écrivains qui se sont plus spécialement attachés à retracer les règnes de Léon de Médicis et du rival de Charles-Quint, *Varillas, Robertson, Gaillard, William Roscoë* et tant d'autres, laissent peu à glaner pour leurs successeurs.

Ma tâche est plus modeste. Toutefois, si j'ai à m'occuper spécialement d'un personnage qui figure parmi les plus remarquables de ces temps fameux, quoiqu'il n'y occupe pas l'un des premiers rangs ; si j'ai dû me livrer, à cet égard, à des recherches multipliées, on m'excusera, je l'espère, d'avoir pensé qu'il n'était pas non plus hors de propos de rappeler l'importance de l'époque pendant laquelle le savant et illustre *Tiraqueau* poursuivit sa longue et honorable carrière. Les hommes conservent toujours quelque empreinte des temps pendant lesquels ils ont vécu.

Au milieu de ces grandes et mémorables circonstances, pendant lesquelles les lettres, les sciences et les arts prirent un si noble essor, le seizième siècle fut plus spécialement encore l'époque de l'érudition ; c'est l'ère des in-folio.

On dirait qu'après la découverte de Guttemberg, chacun

était pressé du besoin de mettre au grand jour le trésor des connaissances diverses qu'il avait accumulées dans ses études ou dans ses lectures ; comme si le nouvel instrument de propagation de la pensée n'eût été en quelque sorte que temporairement prêté à l'activité des hommes, et que bientôt ils dussent en être sevrés. Mais cette grande précipitation devait enfanter un véritable pêle-mêle d'idées, et nuire à la correction et au bon goût, qui ne s'épurent guère quand on travaille beaucoup et vite. La saine critique, qui ne vit que d'observations délicates et méditées à loisir, devait aussi rester presque étrangère à ces compositions, vraiment sans limites, que nous ne concevons pas, aujourd'hui, qu'on ait eu le courage d'entreprendre, et surtout d'achever. Enfin, l'esprit philosophique, qui compare, apprécie et juge, devait également rester trop souvent en dehors de ces compilations cyclopéennes, où l'on se bornait d'habitude à rassembler d'immenses matériaux, accumulés sans ordre ou sans homogénéité.

C'est le cachet du temps, et une ombre mal placée qui dépare un beau tableau.

Parmi ce débordement de publications dans tous les genres, la science du droit ne pouvait rester dans l'oubli, et l'époque de la renaissance compte un grand nombre de jurisconsultes célèbres, dont la plupart ont publié des ouvrages capitaux, quoique surchargés, d'après l'usage d'alors, d'une érudition aussi vaste que parfois inutile. On pourrait véritablement appliquer à ces savants ouvrages, qui traitent de tout à la fois et à l'occasion de questions souvent étrangères au sujet, ce principe général, préconisé par le promoteur d'un nouveau système d'éducation : *Tout est dans tout* (1).

(1) M. *Jacotot*. Instruct. univers.

Mais malgré cette diffusion de lumières et cet amalgame de connaissances si étendues et si variées, il faut reconnaître que ces anciens auteurs ont admirablement discuté, traité et approfondi les questions les plus ardues. Après eux, il n'y a généralement plus rien à dire sur des matières aussi disertement que consciencieusement élaborées ; et les jurisconsultes modernes ont souvent copié dans ces vieux livres, qu'on ne lit plus guère, des dissertations qu'ils n'ont eu que la peine de traduire et d'accommoder aux exigences actuelles : la paresse de notre époque ne leur fait pas craindre que l'on aille reconnaître les sources où ils ont puisé.

Le XVIe siècle fut donc le beau temps de la jurisprudence française. Il abonda, tout à la fois, en grands et courageux magistrats, comme en savants et profonds jurisconsultes.

On y voit en effet successivement figurer avec éclat : *Alciat, Tiraqueau, Cujas, Rémus, l'Hospital*, les *de Thou, Harlay*, les frères *Pithou, Guy-Coquille, Duranti, de Ranconnet, Despeisses, Barnabé Brisson, Charles Dumoulin, Loysel, Molé, Laguesle, Lemaître*, et une foule d'autres, illustrés par leurs services ou par leur savoir.

Le Poitou revendique parmi ces célèbres personnages, *Barnabé Brisson*, dont naguère un habile magistrat a éloquemment redit la vie, la gloire et les malheurs (1), et *André Tiraqueau*, dont la carrière fut moins éclatante sans doute, mais dont la réputation et la vertu n'ont jamais été ternies ; et ce qu'il y a de remarquable, c'est que ces deux grands jurisconsultes naquirent à Fontenay-le-Comte, petite ville du bas Poitou, qui a également vu naître dans son sein

---

(1) M. Nicias *Gaillard*, premier avocat général à la Cour de Poitiers. (Mémoires de la Soc. des Ant. de l'Ouest.)

beaucoup d'hommes éminemment recommandables , dont plusieurs brillèrent pendant le xvie siècle (1).

(1) Parmi les illustrations de Fontenay, on distingue :

1° Pierre *Brisson* , frère de Barnabé, sénéchal de Fontenay , mort en 1590. Il est l'auteur de l'*Instruction et Nourriture du Prince* , traduction de l'ouvrage de Jérôme *Osorio*. Il écrivit également sur les troubles de son temps.

2° Sébastien *Colin*, savant médecin, vivant vers 1564. Il a donné une traduction du grec en français, du livre d'Alexandre de *Trulles* , sur la goutte , imprimée à Poitiers , en 1556. Il est également auteur de la traduction en français de l'ouvrage de Rhazès , *de Pestilentiâ* , imprimé à Poitiers, en 1558. Il avait publié à Tours, en 1553, une curieuse *Déclaration des abus et tromperies des apothicaires* , sous le nom de *Liset-Benancios ,* anagramme de son nom.

3° François *Viéte*, né en 1540 , maître des requêtes de l'hôtel de la reine Marguerite. Célèbre mathématicien, regardé comme l'inventeur de l'algèbre. C'est lui qui, le premier, employa des lettres pour exprimer les quantités. Il composa plusieurs ouvrages profonds ; il inventa la *construction géométrique,* ou l'art de trouver des quantités ou des racines inconnues, par le moyen des lignes. On lui doit la *géométrie des sections angulaires,* par laquelle on donne la raison des angles par la raison des côtés, et une foule d'autres découvertes utiles , ou d'applications ingénieuses. Pendant les troubles de la ligue , il vint à bout de lire les dépêches espagnoles écrites avec un chiffre combiné de plus de 500 caractères. Ses œuvres ont été publiées à Paris , en 1646. Ce savant, aussi simple que modeste, est placé par *Montucla* et *Fourier* à la tête des mathématiciens qui honorent le plus la France.

4° Nicolas *Rapin,* né vers 1540, vice-sénéchal à Fontenay. Poëte remarquable qui travailla à la Satire Ménippée et fut depuis grand prévôt de la connétablie. On a de lui un grand nombre d'épigrammes , d'odes , d'élégies, et d'autres pièces en vers latins , fort estimées. Ses meilleurs vers français sont : *les Plaisirs du gentilhomme français* , et *la Puce de Mlle Desroches.* Il mourut à Poitiers.

5° Julien *Colardeau*, né en 1590, procureur du roi à Fontenay, poëte et écrivain. On a de lui un poëme latin intitulé : *Larvina, satyricon in chorearum lascivias et personat ad tripudia* , imitation du style d'Apulée ;

Ces réflexions et observations préliminaires m'ont paru
de nature à figurer en tête d'une notice sur le grand *sénéchal*
de Fontenay, notice dans laquelle j'aurai à parler non moins
de ses ouvrages que de sa personne (1).

deux poëmes français, l'un sur les *victoires de Louis XIII*, et l'autre
donnant la *description du château de Richelieu*, qui dénotent un véritable talent. Ces ouvrages ont été imprimés à Paris, en 1619 et 1630.

6° Romain *Dupin-Pager*, poëte latin et français, né vers la fin du
XVIᵉ siècle. On trouve dans ses ouvrages, publiés à Paris, en 1629,
quelques vers heureux, et des descriptions poétiques remarquables.

La ville de Fontenay, voulant honorer la mémoire de ces hommes
distingués, avait fait placer, il y a déjà longues années, une inscription
sur la grande fontaine qui existe sur une de ses places.

Cette inscription, presque effacée maintenant, portait :

> *Pulchrorum ingeniorum fons et scaturigo.*
> Tribut payé par la vénération publique
> A la mémoire de *Tiraqueau*,
> Nicolas *Rapin*, Barnabé *Brisson*,
> *Viéte*, Julien *Colardeau*.......

(1) En donnant à André Tiraqueau le titre de *sénéchal* de Fontenay,
je me conforme à l'usage reçu ; mais il n'avait pas ce titre. Fontenay-le-
Comte ne possédait qu'un siége royal particulier, qui ne fut érigé en sénéchaussée que par l'édit de François Iᵉʳ, rendu le 2 janvier 1544, et
André Tiraqueau était entré au parlement de Paris dès 1541. Ce fut
Michel Tiraqueau son fils, qui lui avait succédé dans son titre de *président, lieutenant* ou *lieutenant-général* du siége, qui le premier fut sénéchal de robe longue à Fontenay, et qui réunit ce titre à celui de *lieutenant*
dont il était déjà revêtu.

(Thibaudeau, *Hist. du Poit.*, t. 4.)

André Tiraqueau, en latin *Tiraquellus*, naquit à Fontenay-le-Comte (1), vers 1480, d'une famille distinguée de cette ville.

On n'a pas de renseignements positifs sur son père, ni sur

(1) Fontenay-le-Comte, *Fontanetum-Comitis*, antérieurement *Fontaniacensis*, *Fontenaium*, *Fonteniacum*, *Fontaneium* et *Fons Naïadum*, doit sans doute son nom à la belle fontaine dont il est parlé dans une note précédente.

C'est une ville fort ancienne et qui était autrefois fortifiée. Elle soutint en 1372, sous Charles V, un siége contre le connétable Duguesclin, qui la prit; elle fut également prise en 1586, par Henri, roi de Navarre. Elle est située dans un pays sain, riche et agréable. On y remarque le clocher de la principale église, qui est d'une grande élévation et d'une hardie architecture; on y construit en ce moment un port, la Vendée ayant été rendue navigable jusqu'à la Sèvre. Le cardinal de Bourbon, roi de la ligue, sous le nom de Charles X, avait été inhumé dans l'église Saint-Nicolas, du faubourg des Loges, de Fontenay; son tombeau a disparu dans nos temps de troubles.

Les armoiries de cette ville étaient *d'azur à une fontaine d'argent*, avec cette légende en orle : *Fonteniacum felicium ingeniorum scaturigo*. (Dreux du Radier, Thibaudeau.)

Parmi les différents noms latins de Fontenay, celui de *Fons Naïadum* est sans contredit le plus poétique et le mieux choisi. Selon Sçœvole de Sainte-Marthe, Rapin l'aurait employé le premier : après lui, d'autres savants, et notamment de Thou, en auraient fait habituellement usage; Tiraqueau rapporte que Rabelais s'en servait également.

On lit, en effet, dans son *Traité du retrait conventionnel*, glo. 6, § 1er, no 39, de l'édition de 1543, le passage suivant :

le rang qu'occupait sa famille (1); mais la charge de premier
magistrat du siége royal de cette sénéchaussée, dont André
était revêtu à l'âge de trente ans, au dire de tous les biographes, témoigne assez qu'il était issu de parents riches et
tenant un état honorable dans le pays.

Il fit d'excellentes études, et son éducation dut être fort
soignée, à en juger par les écrits qu'il publia pendant le cours

« ..... Duo fratres vendiderunt domum aliquam communem sitam in
» hoc nostro oppido *Fontis-Naïadum* (ità enim appellabant Amicus ille
» et Rabelæsus divinitatem loci, et adolescentium nostrorum ingenia
» admirati).... »

Une ode de *Colletet*, en l'honneur de Fontenay, commence par ce vers
qui rappelle le nom latin :

« La source aux Nayades sacrée..... »

On sait que Rabelais fit profession au couvent des Cordeliers de cette
ville, et que, pour une faute monastique, il fut enfermé et retenu assez
longtemps en prison : ce fut Tiraqueau, alors chef de la justice à Fontenay, qui l'en fit sortir. Aussi le curé de Meudon l'appelle-t-il, dans
Pantagruel, *le bon, le sage, le tant humain, tant débonnaire André Ti-*
raqueau.

Quelques personnes prétendent reconnaître encore aujourd'hui les
maisons qu'occupa Tiraqueau, tant à la ville qu'à la campagne ; on in-
diquerait notamment sa maison des champs, comme située au petit
village de Biossais, et baignée par les eaux de la Vendée, en face du
coteau pittoresque qui domine l'ancien couvent des Lazaristes, établi en
1700 seulement, dans la plus belle maison de Fontenay, appelée *Terre-*
Neuve, et qu'avait bâtie Nicolas *Rapin.* Mais j'ai vérifié qu'il n'existe,
quant aux logis de Tiraqueau, aucune certitude, et que les indications
ne reposent que sur une tradition vague et sans probabilités, car les
maisons désignées sont *toutes évidemment* construites depuis le seizième
siècle.

(1) Sainte-Marthe, dans ses Eloges, 1re partie, art. 29, dit : *Claris*
parentibus ortus est Andreas Tiraquellus.

de sa longue carrière, et qui lui ont valu le surnom glorieux de *Varron* de son siècle (1).

Quelques auteurs contemporains ont cependant prétendu qu'il n'apprit le grec que fort tard, et que la connaissance de cette langue n'entra pas dans le plan de ses premiers travaux ; mais cette circonstance est indifférente en soi ; il suffit de parcourir les ouvrages de Tiraqueau pour reconnaître que son immense érudition avait exploré avec un égal succès le vaste champ fécondé par les muses attiques, et celui non moins riche, fertilisé par leurs filles du Latium.

J'ai dit que Tiraqueau était issu d'une famille distinguée de Fontenay; mais il ne paraît pas qu'elle fût la seule de son nom dans la contrée. On voit, en effet, un Jean *Tiraqueau*, notaire à Luçon, à la date du 16 août 1480 (2). Rien n'établit, il est vrai, qu'il y eût parenté entre ce Jean Tiraqueau et André. Cependant, la concordance des dates et le voisinage des lieux pourraient amener à penser que le notaire de Luçon était de la famille d'André, et peut-être même faire accueillir l'opinion que ce Jean Tiraqueau pourrait bien en être le chef le plus anciennement connu.

Voici les principales raisons qui combattent cette opinion, et celles qui pourraient la faire admettre.

D'une part, le catalogue des nobles de la province, dressé en 1667, le plus ancien que j'aie pu me procurer, porte le nom de Tiraqueau, et on y voit figurer plusieurs membres de cette famille ; mais ce n'était là qu'une reconnaissance

(1) Théodore *de Bèze* lui décerne ce nom dans ses épigrammes : plusieurs écrivains du temps le lui ont confirmé avant que la postérité ne le ratifiât elle-même.

(2) Bibliothèque de Poitiers, manuscrits de dom Fonteneau ; archives du château de la Flocellière.

de noblesse antérieure, puisqu'il avait fallu, pour être porté sur cette liste, produire des titres ou administrer des preuves (1).

D'ailleurs, Michel Tiraqueau, fils aîné d'André, prenait le titre d'écuyer dès l'année 1562, plus d'un siècle avant (2), et il n'est guère à croire que Jean, notaire à Luçon, à la fin du xvᵉ siècle, figurât parmi la noblesse poitevine.

De plus, la famille d'André entra successivement, par ses enfants et petits-enfants, dans les premières maisons de France, telles que celles d'*Aubigné*, de *Tessé*, de *Navailles* (3); ce qui repousserait aussi l'idée que Jean Tiraqueau, le tabellion, fût la souche de cette famille.

On peut objecter d'autre part :

1° Qu'il n'est pas du tout incroyable qu'un notaire riche et probablement retiré des affaires, ou décédé, vers 1510, quand il recevait des actes en 1480, ait pu acheter la charge de chef du siége royal de Fontenay pour son fils, ou lui laisser une fortune suffisante pour l'acquérir lui-même ;

2° Que les mots *claris parentibus*, employés par Sainte-

(1) L'original des jugements de M. de Barentin, intendant du Poitou, contenant les reconnaissances ou confirmations de noblesse pour la province (année 1667), mentionne plusieurs Tiraqueau. Ils portaient tous *d'argent à trois merlettes de sable, soutenues d'une rivière ondée d'or et d'azur.* (Manuscrits de feu M. Filleau, conseiller à la Cour royale de Poitiers.) Quelques ouvrages blasonnent autrement l'écu des Tiraqueau, et mettent notamment trois *cannettes* au lieu de *merlettes ;* mais cela est peu important.

(2) Dom Fonteneau, dans ses extraits, rapporte à cette date une ordonnance de Michel Tiraqueau, *sénéchal* de Fontenay, dans laquelle il prend le titre d'*écuyer*.

(3) Voir *Dreux-Duradier*, *Moreri*, le père *Anselme*, etc. Voir aussi les détails donnés plus bas, sur les descendants d'André Tiraqueau.

Marthe, ne signifient pas nécessairement que la famille Tiraqueau était *noble*, mais seulement d'une condition honorable ;

3° Qu'en effet, aucun des ouvrages d'André ne porte ses armoiries, ce qui était cependant généralement usité de son temps, de la part des écrivains qui appartenaient à la noblesse ;

4° Que, de plus, André ne prenait aucune qualification nobiliaire dans les actes publics. J'ai eu en effet à ma disposition la *minute* en parchemin d'un acte de vente consenti le 26 septembre 1537, par *honorable homme maître André Tiraqueau, lieutenant de Fontenay,* reçu par *Orgerit,* notaire (1) ;

5° Qu'enfin, l'illustration de cette famille ne commença réellement qu'avec André, qui fut anobli seulement par son admission au parlement de Paris, en 1541.

J'ai cru devoir relever ces diverses circonstances, quoiqu'elles aient peu d'importance réelle ; mais tout ce qui se rattache à un homme célèbre ne peut être dépourvu d'intérêt. Je regrette de n'avoir pu arriver plus près de la certitude.

Tiraqueau, lieutenant ou président du siége royal de Fontenay dès 1510, épousa deux ans après Marie *Caillère*, fille

---

(1) Cette minute m'a été communiquée par M. de Chergé, avocat à la Cour royale de Poitiers, et secrétaire de la Société des Antiquaires de l'Ouest, et c'est sur cet acte qu'il a autographié la curieuse signature de Tiraqueau, figurée au pied de son portrait. Ce portrait lui-même a été dessiné et lithographié, *pour cette notice,* par M. de Chergé, d'après un médaillon en cuivre, coulé à Rome, en 1552, et retouché au burin, médaillon peut-être unique, et qui appartient à M. Poeydavant, membre de la Société des Antiquaires de l'Ouest, et originaire de Fontenay.

d'Artus *Caillère*, lieutenant particulier au même siége. Sa réputation d'homme docte et de sage magistrat était déjà solidement établie, quoiqu'il eût à peine trente-deux ans.

Ce fut seulement trois ans plus tard, en 1515, qu'il mit au jour son premier ouvrage, le traité *de Legibus connubialibus*, etc., auquel il avait consacré de longues veilles ; travail aussi remarquable par la science profonde des lois qu'y déploie l'auteur, que par une latinité pure et une érudition prodigieuse.

La renommée de Tiraqueau s'accrut encore par cette publication, et devint même si éclatante, que le parlement de Bordeaux, ayant perdu l'un de ses membres, déféra, à l'unanimité, la place vacante au lieutenant de Fontenay, sans que celui-ci eût fait la moindre démarche pour obtenir une aussi insigne distinction.

C'est à tort que des biographes qui se sont successivement copiés les uns les autres, ont confondu cette *élection* à Bordeaux avec sa *promotion* au parlement de Paris, et ont prétendu même que Tiraqueau était entré dans la première de ces deux compagnies par la faveur du roi François Ier. Scævole de Ste-Marthe reconnaît que sa réputation seule le fit élire à Bordeaux, et le motif de cette élection est trop flatteur pour sa mémoire, pour qu'on ne lui en restitue pas tout l'honneur (1).

Mais Tiraqueau, quelque fier qu'il dût être du choix qu'avait fait de sa personne le parlement de Guienne, n'accepta point cette haute position, quoiqu'on ait souvent im-

(1) .... Præstantis eruditionis famâ in senatum burdigalensem, continuò in parisiensem à rege allectus, hoc munere, etc...... (Ste-Marthe, Élog.) On a mal traduit ce passage, et c'est là l'origine de l'erreur qui s'est perpétuée.

primé le contraire, et les motifs de son abstention ne sont pas venus jusqu'à nous. On ne le voit point, en effet, figurer sur les listes des membres de cette Cour souveraine, et il était encore lieutenant de Fontenay, lorsqu'en 1534 il publia son commentaire sur la loi *Si unquam*, *Cod. de revocandis donationibus*. Cet ouvrage, dédié au parlement de Bordeaux, constitue le plus noble rémercîment qu'il pût lui adresser pour le haut témoignage d'estime qu'il en avait reçu; l'épître dédicatoire prouve, en outre, que son élection avait été toute spontanée (1).

Tiraqueau poursuivait donc sa laborieuse et honorable carrière dans ses modestes fonctions à Fontenay ; mais la publication des deux grands ouvrages que je viens d'indiquer l'avait mis tellement en évidence dans le monde savant, et porté si haut sa réputation, appuyée d'ailleurs sur une vie toute de vertu et de dévoûment, que François Ier, père des lettres et protecteur éclairé des hommes supérieurs, le nomma, *de proprio motu*, conseiller au parlement de Paris.

Il est même à remarquer que le roi lui en remit l'office gratis (2).

Cette marque signalée de la bienveillance royale fut cepen-

---

(1) Nescio, Patres conscripti, quo meo aut virtutis aut doctrinæ merito, hoc me tanto honoris titulo decorastis, ut minimè candidatum petitorem, nullique vestrum ullà necessitudine conjunctum publico tamen decreto in senatoris demortui locum subelegeritis..... (Épît. déd. du Comment. sur la loi *Si unquam*.)

(2) Pictos suos magnà cum laude regebat,
  Cum subitò regis mandatu accessitur indè.
    (*L'Hospital, lettre en tête du Traité des Retraits.*)
  Tiraquellus orbem nomine implevit suo.
  Libris ab ipso, mole variatâ editis.
  Sed quod virum beavit atque sæculum,

dant encore éclipsée par une distinction jusqu'alors sans exemple. Le parlement admit d'emblée Tiraqueau comme conseiller de la grand'chambre, sans qu'il passât par les enquêtes. Il jouit le premier de cette brillante prérogative, déférée à son rare mérite, et on ne cite après lui que l'illustre *Paul de Foix* qui ait reçu l'honneur d'une semblable exception (1).

Tiraqueau avait environ 60 ans lors de sa réception au parlement, le 22 novembre 1541 (2). Il marqua aussitôt sa gratitude et sa vénération pour ce premier corps judiciaire de France, en publiant, sous ses auspices, son profond traité *de utroque Retractu.*

Malgré l'accablement des affaires qui encombraient incessamment les rôles du parlement, *Sisyphium saxum recidivâ mole revolvens*, selon les expressions du président de Thou, Tiraqueau ne cessait de travailler, et il publia bientôt après son vaste traité *de Nobilitate et jure primogenitorum*, suivi rapidement de plusieurs autres.

On rapporte qu'il avait une si grande application à l'étude, et qu'il apportait tant de zèle à remplir les fonctions de sa charge, qu'il donnait à peine quelques heures au

Lectus senator est, legente principe,
Qui antè posuit *malo aureo* patrium decus.
(Mornac, Feriæ forenses.)

(1) Imò et sinè exemplo quod fuit
Hoc ut præiret junioribus dedit.
Quæ clarior seni unquam inempta gloria?
(Mornac, loc. cit.)

Nunc in judicibus centum sedet anteà multò
Majores meritus et mox habiturus honores.
(L'Hospital, loc. cit.)

(2) *Blanchard*, Liste des membres du parlement de Paris.

sommeil et aux besoins de la vie. Cependant, quoiqu'il travaillât avec une assiduité extrême, et qu'il se plaignît parfois que sa santé en était altérée, la force de sa constitution lui permit de produire ce nombre prodigieux d'écrits qu'il a successivement composés, et de parvenir à une vieillesse avancée, sans avoir perdu aucune de ses facultés (1). Quelques biographes ont avancé qu'il avait été chargé de missions importantes sous Henri II, et donné à entendre qu'il aurait fait partie de quelque ambassade à Rome pour les affaires de l'église ; mais rien ne le prouve (2).

Tiraqueau était d'une taille moyenne ; sa figure, des plus expressives et bien caractérisée, nous a été conservée dans un beau portrait attribué à *Léonard de Vinci*, et qui orne en ce moment la chambre du conseil du tribunal de Fontenay (3). J'ai déjà parlé du médaillon en bronze fait à

(1) ..... Hoc munere sanè laborioso ad extremam usque senectutem perfunctus est, scribendi labore nunquàm intereà remisso. (Ste-Marthe, Élog.)

(2) Le médaillon de Tiraqueau, fait à Rome en 1552, a pu donner lieu de croire qu'il était à cette époque en mission dans la capitale du monde chrétien ; mais j'ai fait faire des recherches aux archives du royaume, et on n'y a rien découvert qui se rapporte à notre illustre Poitevin, de 1541, époque de son entrée au Parlement, à 1558, année de sa mort. De son côté, M. de Villegille, *secrétaire du comité des chartres*, a inutilement fait de nombreuses explorations à cet égard.

(3) En 1806, M. *Martin des Pallières*, député de la Vendée et questeur au Corps législatif, découvrit ce portrait dans une vente de tableaux à Paris. Il pensa, avec raison, qu'il ne pourrait être mieux placé qu'au palais de justice de Fontenay, où Tiraqueau avait si longtemps siégé avec éclat, et il en fit hommage au tribunal. Les registres du greffe de ce tribunal contiennent le procès-verbal de l'inauguration du portrait, qui eut lieu solennellement le 6 janvier 1807, en présence de toutes les autorités du pays et d'un grand concours de citoyens.

2

Rome, qui est parfaitement ressemblant au portrait de Fontenay, et même aux grossières gravures en bois qui représentent Tiraqueau au frontispice de plusieurs de ses ouvrages.

On voit par ces divers portraits, qu'il avait l'œil vif, le nez très-prononcé quoique régulier, une barbe bien fournie, et l'ensemble de la physionomie empreint d'une grande douceur et d'une spirituelle bonté (1).

André Tiraqueau eut le bonheur de poursuivre longtemps sa carrière, en société d'une épouse bonne et vertueuse, qui le rendit heureux par sa douceur et sa tendre affection, et qu'il aima avec une égale tendresse (2). Elle lui donna beaucoup d'enfants; il les chérissait, en était payé de retour, et il eut la satisfaction de les voir la plupart bien établis. Leur éducation était l'objet de ses soins les plus assidus, et il y attachait, avec raison, la plus sérieuse importance. Michel Tiraqueau, son fils aîné, qui lui avait succédé dans sa charge à Fontenay, le témoigne hautement dans une lettre qu'il adressait à ses frères après la mort du père commun; c'est une belle

___

(1) .... Animo semper placido et sereno tranquillitatem quondam ac benignam veluti temperiem in omni vitâ constantissimè retineret, neque temerè aut irâ aut quâvis aliâ graviori perturbatione videretur commoveri. (Ste-Marthe, *loc. cit.*)

(2) Ne scis inscius, in connubio suavissimè vivens jam pervenit ad canos adeò nullas rei uxoriæ molestas sentiens, et nudius tertius uxorem duxisse videatur, ac si quandò cum optimâ conjuge colloquentem conspiciam, dicas herclè te audire Ausonium sua carmina uxori recitantem:

Uxor vivamus quod viximus, et teneamus

Nomina quæ primo sumpsimus in thalamo :

Me ferat ulla dies, ut commutemur in ævo ,

Quin juvenis tibi sim, tuque puella mihi.

(Discours de Jacques *Spifame*, président aux enquêtes au parlement de Paris, en tête de l'édition de 1545 du traité *De legibus connubialibus*.)

oraison funèbre. On la trouve en tête du traité *Cessante causâ , cessat effectus.*

« Il n'oublia rien , dit-il , de tout ce qui est du devoir
» d'un bon père, dans ses instructions, dans ses avis, dans
» ses exhortations. Il employa toutes sortes de moyens , à
» l'âge même le plus avancé ; il prit toutes les peines ima-
» ginables, et n'épargna jamais rien pour nous rendre tels
» que le meilleur des pères puisse souhaiter que deviennent
» ses enfants (1). »

C'est ici le lieu de relever quelques erreurs généralement accréditées, sur le nombre excessif d'enfants qu'aurait eus Tiraqueau.

D'après la tradition populaire, encore vivace aujourd'hui, on répète à Fontenay que chaque année il publiait un livre , avait un enfant , et achetait une métairie.

Tout cela est inexact ou exagéré , et il ne sera pas diffi-cile de réduire à sa juste valeur cette tradition qui ne s'est sans doute perpétuée que parce qu'elle présente quelque chose d'extraordinaire ou qui semble tenir du merveilleux ; mais elle ne tire son origine que de quelques pièces de vers ou épigrammes badines , dans lesquelles on a pris au sérieux , ou mal compris, des jeux de mots ou quelques plaisanteries qui n'ont pas la portée qu'on voudrait leur donner (2).

La première de ces pièces, qui ne parut qu'après la mort d'André , et qui se trouve en tête du traité *Le mort saisit le vif,* n'est qu'une suite d'antithèses entre le nombre prétendu des ouvrages et celui des enfants qu'aurait eus Tiraqueau ;

---

(1) Traduction de *Dreux du Radier.* La lettre de Michel Tiraqueau est écrite en latin : elle se lit dans l'édition de 1567 du traité *Cessante causâ,* etc. ; elle a été aussi réimprimée dans des éditions subséquentes.

(2) C'est l'opinion de *Moreri, Dreux du Radier,* etc.

elle est du poëte limousin Disnemartin, surnommé *Dorat.*
C'est une sorte de madrigal fort brillanté, et qui se termine
en annonçant qu'enfin *Lucine céda à Minerve,* et que le
nombre des écrits excéda celui des enfants.

Voici cette pièce :

> « Certamen fuera tibi tuæque
> » Uxori Tiraquelle grande, plures
> » Libros tu pareres, an illa plures
> » Formosos tibi liberos crearet.
> » Huic Lucina, tibi secunda Pallas,
> » Totas ante preces et ante vota
> » Hæc libros dare, liberos at illa.
> » Augebat mulier domum quotannis,
> » Augebas quoque tu libros quotannis.
> » Parti utrique suus Deus favebat.
> » Crescebatque suo favore rixa :
> » Hinc Lucina tuo, tuo indè Pallas :
> » Divisum fueratque utrinque cœlum :
> » Juno, Jupiter hinc : at ille Phœbus
> » Cum Musis steterant, simul secuti
> » Quos gentûm fuerant Dei minorum
> » Parti quisque suæ magis studentes.
> » Expectatio et exitus tenebat
> » Suspensos animos Deûm ac Dearum.
> » Tu contrà seniorque tardiorque
> » Uxor fit dare liberos quotannis :
> » Cùm tandem seniorque promptiorque
> » Libros edere fis novos quotannis :
> » Cessit palma tibi, tuæque parti
> » Applausaque fremit favente cœlum,
> » Vicisti Tiraquelle, tuque Pallas,
> » Libris agmina victa liberorum. »

Après ce morceau, qui ne se résume nullement en chif-
fres, tout en disant que Tiraqueau avait chaque année un

enfant et publiait un volume, on composa en latin son épitaphe que voici :

« *Hìc jacet qui, aquam bibendo, viginti liberos suscepit,*
» *viginti libros edidit. Si merum bibisset, totum orbem*
» *implesset.* »

On publia aussi après la mort d'André une épigramme
sans nom d'auteur, et qu'on lit en tête du traité *De pœnis*
legum temperandis, imprimé seulement en 1562. Cette pièce
renchérit encore sur les vers de Dorat et sur l'épitaphe qui
précède; on y dit également que Tiraqueau ne buvait que
de l'eau, et l'on sent que cette circonstance devait encore
ajouter au merveilleux, en se prêtant aux antithèses et jeux
de mots.

« *Facundus fœcundus aquæ Tiraquellus amator,*
» *Bisquindecim librorum et liberorum parens :*
» *Qui nisi restrinxisset aquis abstemius ignes,*
» *Implesset orbem prole animi atque corporis (1).* »

Mais on ne s'en tint pas là.

En effet, Bayle rapporte qu'en 1689, une thèse *de aquæ*
calidæ potu fut soutenue à l'université d'Elmstadt, et qu'elle
donna lieu de rappeler ce dernier quatrain; mais l'on ne

---

(1) Plusieurs recueils donnent la traduction suivante de ce quatrain :

  « Tiraqueau, fécond à produire,
  » A mis au monde trente fils ;
  » Tiraqueau, fécond à bien dire,
  » A fait pareil nombre d'écrits.
  » S'il n'eût pas noyé dans les eaux
  » Une semence si féconde,
  » Il eût enfin rempli le monde
  » De livres et de Tiraqueaux. »

craignit point d'y ajouter encore, en mettant au second vers *terquindecim* au lieu de *bisquindecim*.

Ainsi, selon les uns, Tiraqueau aurait eu jusqu'à 45 enfants, c'est-à-dire un chaque année, s'étant marié en 1512 et étant décédé en 1558, à près de 80 ans, et il aurait publié tout autant d'ouvrages. Selon d'autres, il n'en aurait eu que *trente, vingt,* ou même *quinze,* si l'on applique le *bisquindecim* tout à la fois aux livres et aux enfants. Les plus modérés, sans fixer de chiffre, lui accordaient autant d'enfants que d'écrits.

Toutefois, je ne dois pas négliger de reconnaître que quelques historiens ont écrit dans le même sens, mais évidemment sous l'impression des bruits publics généralement répandus.

Pierre *de Saint-Romuald,* dans son Abrégé chronologique, t. 3, dit :

« Tiraqueau n'était pas moins fécond à produire des en-
» fants de l'esprit que du corps, car durant *trente* ans, il ne
» s'en passa point qu'il ne donnât un fils et un livre au
» monde; et ainsi, si d'un côté il étendit son nom et sa lignée
» par un grand nombre d'enfants, tous excellents person-
» nages qu'il eut d'une femme vertueuse, il consacra bien
» autant de gloire par un grand nombre de livres dont il
» enrichit le public; mais ce qui augmente la merveille,
» c'est qu'il fût fécond de la sorte, encore qu'il ne bût que
» de l'eau. »

On voit que c'est une sorte de paraphrase du quatrain latin que j'ai donné plus haut, et quoique cet auteur soit cité par Bayle, on sait qu'il accueillait volontiers les faits extraordinaires.

Quoi qu'il en soit, *de Thou,* lui-même, avait déjà dit, livre 21, page 404, en parlant de Tiraqueau :

« *Æquè ingenii ut corporis numerosá fecundus prole,*
» *cùm singulis annis singulos libros ac liberos reipublicæ*
» *daret.* »

Mais il est à remarquer que de Thou ne relève pas la circonstance que Tiraqueau n'aurait pas bu de vin, et que l'on pourrait peut-être entendre ce passage en ce sens, qu'il aurait eu un enfant chaque année de la publication d'un de ses ouvrages.

L'exact *Sainte-Marthe*, dans ses Eloges des hommes célèbres du xvi⁰ siècle, se borne à constater que Tiraqueau eut une nombreuse postérité.

« *Cùm et numerosam sobolem ex honestá uxore suscepe-*
» *rit, quæ genus propagaret, et ingentem librorum nume-*
» *rum ediderit, qui nomen æternitati consecrarent.* »

Jacques *Spifame*, dans un avis au lecteur, en tête du traité *De legibus connubialibus*, parle comme Sainte-Marthe de la famille de Tiraqueau, et sans rappeler les bruits populaires, trop facilement accueillis par quelques écrivains :

« *Soboles enim numerosa, ingenua probæ indolis, utrius-*
» *que parentis virtutem referens...* »

Le grave et savant président Spifame siégeait au parlement de Paris en même temps que Tiraqueau, et connaissait parfaitement sa famille.

Mais ses ouvrages eux-mêmes tranchent la difficulté.

En effet, j'ai déjà mentionné la lettre adressée par Michel Tiraqueau à ses frères, en sa qualité de chef de la famille après la mort d'André. Cette lettre donne les noms de chacun de ces frères, et ils étaient au nombre de six : *François, Jean, André, Mathurin, René* et *Louis.*

D'un autre côté, il y avait aussi deux filles ; l'une mariée à Rodolphe *Gattier*, et l'autre à Robert *Ribaudeau*, ainsi qu'on le voit en tête de l'édition de 1543 du *Traité des retraits*, où l'on lit un distique et un quatrain en vers latins, adressés à André par ses gendres.

Dreux du Radier mentionne une troisième fille, dont il ne donne pas le nom et sur laquelle il ne fournit d'ailleurs aucuns renseignements, et nulle part on ne parle d'autres enfants qu'aurait eus André Tiraqueau et qui seraient morts en bas âge. On doit donc en fixer le nombre à neuf, sept garçons et deux filles; et s'il y en eût eu un plus grand nombre, le fils aîné, l'exact Michel, n'eût pas manqué de le mentionner, d'autant plus que lorsqu'il écrivait sa lettre, il avait certainement eu connaissance des vers de Dorat et de l'épigramme que j'ai rapportés plus haut.

Quant au nombre des ouvrages, en y comprenant même les œuvres posthumes, on ne peut en trouver plus de quatorze, ainsi que je le démontrerai bientôt. Six de ces ouvrages ne parurent même qu'après la mort de leur auteur; ainsi le poëte Dorat nous aurait encore trompés sur ce point, et Tiraqueau aurait eu plus d'enfants qu'il n'aurait *publié* d'écrits.

Il n'aura pas échappé, non plus, qu'il ne composa pas un livre chaque année, et surtout pendant trente ans consécutifs, comme l'avancent *Saint-Romuald* et l'épigramme que j'ai citée. En effet, le traité des *Lois du mariage*, publié en 1545, ne fut suivi du commentaire de la loi *Si unquam*, qu'en 1534, et le traité *de la Noblesse* ne vit le jour qu'en 1549. L'on sentira qu'il fallait bien des années pour concevoir et exécuter d'aussi importants travaux.

Resterait l'achat prétendu d'un domaine à la naissance de chaque enfant.

On n'en peut trouver aucune preuve, et tout repousse même cette allégation. Tiraqueau avait une fortune honnête mais bornée : la carrière de la magistrature ne conduit pas à l'opulence. Tout porte à croire même que le grand nombre de ses enfants et les frais de leur éducation, pour laquelle il ne négligeait rien, diminuaient son aisance, bien loin de lui permettre de réaliser des économies. Il ne reste au demeurant, dans le pays, aucune trace de cette fortune, que l'imagination représenterait comme colossale. Enfin, le refus d'accepter la charge de conseiller à Bordeaux ne serait-il pas provenu de la difficulté d'en payer la finance? Et cette circonstance n'expliquerait-elle pas, en même temps, la générosité de François Ier, qui, pour avoir le docte jurisconsulte poitevin à son parlement de Paris, dut lui conférer *gratis* un office de conseiller?

Ainsi donc le merveilleux disparaît tout-à-fait, quoiqu'il soit assez remarquable que Tiraqueau ait eu jusqu'à neuf enfants de la même épouse.

Il ne sera pas sans intérêt de faire connaître ici ce que j'ai pu recueillir sur cette nombreuse lignée.

1° *Michel* succéda à son père dans sa place de lieutenant du siége royal de Fontenay, quand celui-ci entra au parlement. J'ai déjà cité de lui une ordonnance rendue en l'année 1562, époque à laquelle il avait réuni le titre de sénéchal à celui de lieutenant. Il paraîtrait qu'il fut lui-même plus tard conseiller au parlement de Paris, et c'est ce qu'avance Dreux du Radier, mais sans indiquer de dates. Ce fut Michel qui publia, en 1574, la meilleure édition des œuvres de son père, en cinq volumes in-folio. C'était un savant magistrat, versé en outre dans la connaissance des lettres grecques et latines.

Il eut un fils, Hilaire, qui, selon Dreux du Radier, vivait en 1610, et qui, dit-il, dut être lieutenant général de Fontenay après son père; mais il n'y a pas de certitude sur ce point. Il est plutôt à croire que cet Hilaire Tiraqueau, petit-fils du grand André, fut substitut du procureur général au parlement de Paris : il était décédé en 1614 (1).

2º *François* n'est connu que par des vers latins adressés à quelques-uns de ses frères, et qu'on lit en tête du *Traité des retraits*, édition de 1543.

On trouve un François Tiraqueau, écuyer, qui possédait, en 1633, quelques terres dans la baronnie de *Mareuil* et *la Vieille-Tour;* mais les dates ne permettent guère de croire que ce soit le même (2).

3º *Jean* n'est connu que par son nom donné dans la lettre de Michel que j'ai citée plus haut. On voit cependant un Jean Tiraqueau, avocat général à la cour des aides de Paris, en 1620 : c'est peut-être le même (3).

4º *André*, second du nom, succéda à son père dans sa charge de conseiller au parlement de Paris, où il fut reçu le 4 juin 1579 (4). Ce fut lui qui publia, le premier, les œuvres *posthumes* de son père. Il était renommé pour son savoir et sa piété.

Il eut un fils nommé *Claude*, qui fut conseiller au présidial de Poitiers, vers 1574, et qui a composé quelques poésies (5).

(1) Il en est parlé, page 210 du Commentaire de J. *Constant* sur la Coutume du Poitou, édition de 1659. On a de lui une épitaphe latine du poëte Rapin. Celui-ci lui avait adressé une épître fort louangeuse, commençant par ces vers :

> Salvete culmen inclitum Fonteniæ
> Tiraquelle, major patre, non avo minor.

Scævole de Sainte-Marthe en parle avec éloge.

(2) Manuscrits de dom Fonteneau, xviiª siècle, p. 449.

(3) V. *la France législative, ministérielle*, etc., de M. de *St-Allais*, t. 3, p. 307.

(4) *Blanchard*, Liste des membres du parlement de Paris.

(5) *Dreux du Radier. Thibaudeau* ne le donne pas dans sa liste.

5° *Mathurin* était fort jeune en 1543, puisqu'il avait encore alors son précepteur *Giraudeau*, ainsi qu'on le voit par un distique latin rapporté en tête du Traité des retraits. Dreux du Radier ignore son sort ; mais il y a lieu de croire que c'est le même que Mathurin Tiraqueau qui vivait en 1598 (1). On voit, en effet, dans le second registre du plumitif des audiences du bureau des finances de Poitiers, figurer, à l'année 1596, Mathieu *Tiraqueau*, seigneur de la *Ballie ;* et à la même date, on voit Mathieu Tiraqueau, seigneur de la *Vallée*, écuyer, figurer dans un dénombrement devant l'abbé de Montierneuf de Poitiers, à cause de sa terre de Chiré. Les noms de *Mathieu* et *Mathurin*, ceux de *la Ballie* et *la Vallée*, auront été confondus ou mal écrits : c'est évidemment le même personnage (2).

6° et 7° *René* et *Louis* ne sont connus que par leurs noms donnés par Michel leur frère aîné.

8° et 9° Quant aux deux filles, qui épousèrent Gattier et Ribaudeau, leurs prénoms mêmes sont perdus.

Cette famille, illustrée au seizième siècle, et qui, ainsi que je l'ai dit, s'allia aux plus grandes maisons de France, déclina rapidement et paraît aujourd'hui entièrement éteinte (3).

---

(1) Il est mentionné dans des notes *particulières* qu'avait recueillies feu M. Filleau.

(2) Manuscrits de MM. Robert du Dorat, p. 501. Coll. de dom Fonteneau.

(3) Pour compléter autant que possible tout ce qui se rapporte à la famille *Tiraqueau*, je vais donner ici le résultat de mes recherches. On ne peut exactement déterminer les filiations ; mais les renseignements que j'ai recueillis n'en sont pas moins curieux.

Ainsi, *noble* homme *Lancelot Tiraqueau* acquiert, le 23 juin 1591, des commissaires du roi, au prix de 30 écus, le 8ᵉ du vin qui se vend

Ainsi disparaissent les célébrités humaines dues au rang

en détail dans la paroisse de St-Maxire, élection de Fontenay. (Affiches du Poitou , année 1778 , p. 178.)

Un *Lancelot Tiraqueau* figure sur les registres de paroisse de Fontenay, en 1596 et 1608; il y a lieu de croire que c'est le même. (Note de M. Poeydavant.)

Edmond ou *Edouard Tiraqueau* ou *Tiraquel*, religieux de Cîteaux , donne, en 1601, une édition des œuvres de saint Bernard. On croit qu'il était de la famille (Dreux du Radier).

Charles , petit-fils du grand *André* (on ignore le nom de son père), était conseiller au parlement de Paris, en 1582. Il cultiva les lettres. *Lacroix du Maine* le dit auteur d'un poëme français : *L'amour transformé en araignée,* que Sainte-Marthe aurait translaté en latin (Dreux du Radier).

Marie , petite-fille du grand André (son père n'est pas indiqué), naquit en 1572. *Banchereau* lui dédia , en 1589 , son poëme en vers élégiaques sur les sept psaumes de la pénitence. Elle étudiait les langues et promettait de devenir une des personnes savantes de son sexe. (Dreux du Radier n'en dit rien de plus.)

Mais , en 1605, une *Marie Tiraqueau,* épouse de *Nicolon de Château-Neuf,* sieur de *Bachechier,* possédait des terres dans la baronnie de Bressuire. (D. Font. , xvii$_e$ siècle, p. 81.) Ce pourrait être la même.

On voit de plus dans le Commentaire de Jean *Filleau* sur la coutume du Poitou , t , 1er , p. 330 , *Marie Tiraqueau,* dame du fief de la *Vernerie* , épouse en secondes noces de Denis-Henri de *Rubental* , en 1637. Il est à croire qu'elle était veuve du sieur de Châteauneuf, dont je viens de parler. On la retrouve encore dans dom Font. (xviie siècle , p. 665). On y voit qu'elle n'était pas commune en biens avec le sieur de Rubental, seigneur de Vallières, et qu'elle était propriétaire dans la ville de Pouzauges , en 1647.

D'un autre côté, dans les registres de paroisse de Fontenay, on voit figurer, de 1592 à 1605, une *Marie Tiraqueau,* épouse de Philippe *Château* , sieur des Loges, dont elle eut un fils nommé Philippe, né en 1593. (Note de M. Poeydavant.) Serait-ce toujours la même, et le nom de *Château* serait-il identique avec celui de *Châteauneuf ?*

On trouve successivement encore :

et à la fortune; ainsi s'évanouissent les familles puissantes,

Jeanne, qui épousa, en 1601, Claude d'*Aubigné*, premier du nom, seigneur de la Roche-Servière.

Jacquette, sa sœur, qui épousa François d'*Aubigné*, frère puîné du précédent. (Dict. de la nob. de la *Chesnaye des Bois*, t. 1er, p. 501.)

On sait que la maison d'Aubigné était alliée des Noailles.

Françoise, fille de feu *François Tiraqueau*, écuyer, seigneur de la Grignonière, épousa, le 27 mai 1658, Léon de *Maillé*, écuyer, seigneur de *Puyguion*, fils du sieur de la *Cochinière*. (D. Font., XVIIe siècle, p. 788.)

Nota. Ce *François* est présomptivement celui dont il est parlé plus haut, à l'article du second fils du grand André.

En 1667, on voit un *Charles Tiraqueau*, sieur de la Grignonière, paroisse de St-Cyr des Gâts. Présomptivement frère du précédent. (Liste des nobles de la généralité de Poitou, p. 146.)

Une autre *Françoise Tiraqueau* avait épousé Eusèbe du *Puy-du-Fou*, mort peu après. Etant devenue veuve, elle se remaria à Charles de *Baudéan* de *Parabère*, comte de *Neuillan*. Elle était arrière-petite-fille du grand André. (D. Font., XVIIe siècle, p. 1063.) Elle mourut à Paris, en 1673. Son tombeau était dans l'église Notre-Dame de Niort, dont son mari était gouverneur. (Affiches du Poitou, année 1778; manuscrits de MM. Robert du Dorat, coll. de D. Font.; père Anselme.)

Suzanne, une de ses filles, épousa Philippe de *Montault*, maréchal-duc de *Navailles*.

Angélique, autre fille de la même, épousa le comte de *Froulay*, fils du comte de *Tessé* (père Anselme).

André Tiraqueau, écuyer, seigneur du *Puy-Bazin*, se trouve nommé dans un ancien registre du parquet de la sénéchaussée de Poitiers, commencé en 1638. En 1640, Jeanne *Thoreau*, sa femme, était veuve. (Manuscrits de M. Filleau.)

Renée, épouse de François Fèvre, écuyer, figure dans le même registre. (Manuscrits de M. Filleau.)

Pierre, seigneur de *Puy-Bazin*, paroisse de Chiré en Gençay, figure sur la liste des nobles de la généralité de Poitiers, imprimée en 1667. Il est également mentionné sur le manuscrit de M. de Barentin. C'est qui rentrent dans la masse du peuple dont elles étaient sor-

présomptivement le fils d'*André* dont il vient d'être parlé. (Manuscrits
de M. Filleau.)

Pierre, sieur de la Vallède ou la Vallée, faisait partie des gentilshommes
réunis à Poitiers, en 1651, pour la nomination des députés aux états
généraux. (Manuscrits de M. Filleau.)

C'est sans doute un descendant de *Mathurin* de la *Vallée*, dont il a été
parlé plus haut.

Etienne, sieur de Beauregard, est cité comme vivant en 1657, dans
les Décisions catholiques de Jean Filleau, pag. 342.

Jacques, écuyer, marquis de la Jarrie et de Denans, confirmé dans sa
noblesse en 1667. (Minute de M. de Barentin, manuscrits de M. Filleau.

Sylvie, veuve du sieur de Payré, figure aussi au livre des nobles de
Poitou, imprimé en 1667, pag. 146.

Jeanne, fille majeure, fait son testament, en 1682, en faveur de sa
mère. (Notes particul. Mss. de M. Filleau.)

François, nommé abbé commendataire de l'abbaye de Fontgombaud,
en 1714. (Affiches de Poitou, année 1778; D. Fonteneau, xviii e siècle,
t. 44, p. 156.)

Marie Tiraqueau de la Boissière, dame de Saint-Loup, Crémille,
Boussay, etc., veuve de Jacques *de Boyer*, seigneur de la Boissière,
trésorier général des finances de Bretagne, était tutrice de ses enfants
en 1716, et décédée en 1748. (D. Fonteneau, xviii e siècle, t. 44,
p. 69.)

L'on m'a assuré qu'il y a peu d'années existait encore un paysan du
nom de Tiraqueau près de Gençay (Vienne). Il serait possible qu'il
descendît d'*André* et *Pierre*, seigneurs, en 1640 et 1667, de *Puy-
Bazin*, près Gençay, et dont j'ai parlé plus haut.

Enfin, après bien des recherches, je crois avoir découvert le seul
rejeton mâle de cette ancienne famille du Poitou qui existe encore en
ce moment. Je ne puis mieux faire que de donner ici l'extrait d'une
lettre qui m'a été écrite à ce sujet, le 19 juillet 1839, par M. *Louvart
de Pont-le-Voy*, juge au tribunal de Bressuire (Deux-Sèvres).

« .... Ainsi qu'on vous l'avait dit, il existe réellement dans la
» commune de St-Philbert du Pont-Charrault (canton de Chantonnay,

ties ; mais les travaux de l'esprit laissent après eux une renommée et une gloire impérissables.

» Vendée), au village de la Barbinière, une pauvre famille du nom de
» Tiraqueau. Elle se compose d'un vieillard de 70 ans et de ses trois
» filles, déjà sur le retour, dont l'une est cuisinière dans une maison du
» voisinage, une autre est atteinte d'aliénation mentale, et la troisième
» sert de gouvernante aux deux infirmes. La figure du père, homme
» fort estimé dans le canton et remarquable par la droiture de son ju-
» gement, est grave, fortement caractérisée...... Aux questions que je
» lui ai adressées sur ce qu'il pouvait connaître de son origine, il m'a
» répondu, avec une grande simplicité et sans paraître y attacher la
» moindre importance, qu'il avait souvent entendu dire à son père et
» à son grand-père, qui étaient de pauves paysans comme lui, *que*
» *leur famille avait été autrefois riche et puissante, et qu'un de leurs*
» *ancêtres avait occupé de grandes charges dans l'État ; mais qu'ayant*
» *eu beaucoup d'enfants, sa postérité avait décliné rapidement.*
» Il n'a pu me donner aucun autre détail ; mais, sur ma demande, il
» est allé chercher le peu de papiers que les incendies de la Vendée ont
» laissés en sa possession. Je les ai examinés avec soin. Je n'y ai rien
» trouvé qui puisse servir à établir, d'une manière directe, sa filiation
» avec le célèbre sénéchal de Fontenay. La seule pièce qui ait fixé mes
» regards est un vieux parchemin assez volumineux, et tellement en-
» fumé, qu'il m'a fallu une très-grande étude pour le déchiffrer. C'est
» un partage notarié de la succession d'un sieur *Antoine Tiraqueau*,
» vivant marchand à la Barbinière. Ce partage porte le millésime de
» 1633. La longue nomenclature des vignes, pièces de terre et maisons
» qui composaient cette succession, démontre que cet Antoine Tira-
» queau, tout marchand qu'il était dans un village obscur, jouissait
» d'une assez grande aisance, et son alliance avec la famille *Thomas*,
» qui ressort aussi de cet acte, porte naturellement à penser que cette
» branche des Tiraqueau devait avoir été antérieurement dans une po-
» sition plus brillante, puisqu'elle avait pu s'allier à l'une des maisons
» les plus notables du bas Poitou..... Les autres papiers étaient tout-à-
» fait insignifiants. Je venais de les remettre en liasse, lorsque le hasard
» me fit reconnaître, dans le chiffon qui leur servait d'enveloppe, le

Je suis donc tout naturellement amené à parler des nombreux ouvrages d'André Tiraqueau, qui porteront son nom jusqu'à la postérité la plus reculée.

Ceux de ces ouvrages, publiés par l'auteur lui-même, sont au nombre de huit : je vais les examiner successivement.

» haut de la page 15ᵉ du commentaire sur la loi *Si unquam*. Cette cir-
» constance me frappa, et quoiqu'elle soit loin d'être une preuve de ce
» qui fait l'objet de nos recherches, je ne puis m'empêcher de vous la
» rapporter. Ce fragment d'un des ouvrages du savant jurisconsulte,
» trouvé dans un pareil lieu, ne vient-il pas donner une forte couleur de
» probabilité aux souvenirs traditionnels du vieillard de la Barbinière ?...
» Mais ce qui m'a frappé plus que tout le reste, c'est l'étonnante res-
» semblance du vieux paysan et même de ses filles avec les portraits qui
» nous sont restés d'André Tiraqueau, et notamment avec celui qui
» décore la chambre du conseil du tribunal de Fontenay. Une identité si
» parfaite, entre des traits si fortement accentués de part et d'autre,
» ne saurait être l'effet du hasard.
» Enfin, vous le dirai-je ? quoique je ne puisse fournir de meilleures
» raisons de mes impressions, je suis sorti de cette pauvre cabane avec
» un recueillement mêlé de tristesse et de respect, car j'étais convaincu
» que je venais de voir les derniers descendants du docte Tiraqueau, la
» plus grande gloire peut-être de notre Poitou, l'ami de François Iᵉʳ et
» de Henri II..... et mon cœur s'est serré devant cette nouvelle preuve
» de l'instabilité des choses humaines.... »

Nota. Une partie des renseignements que j'ai donnés ci-dessus sur la famille Tiraqueau et sa descendance a été puisée dans les papiers de feu M. Filleau, et je les dois à l'obligeance de M. *Bauchet-Filleau*, son petit-fils, qui se propose de publier un *Dictionnaire des Familles du Poitou*, que son aïeul a laissé en manuscrit, et auquel il avait travaillé pendant longues années.

Il paraît qu'il existe encore à Fontenay des familles qui descendent d'André Tiraqueau, mais par les femmes seulement.

1° Le traité *De rebus connubialibus et jure maritali*, gros in-folio, 1515.

C'est un commentaire complet, en cette partie, de la coutume du Poitou et même de toute la législation sur la matière. J'ai déjà dit que c'était le premier ouvrage de Tiraqueau, et qu'il atteste une connaissance profonde des lois et l'érudition la plus variée. Chaque partie de ce traité est couronnée par une suite de lois composées par l'auteur, dans le style des lois romaines. Par leur précision, leur noblesse, la propriété des termes et la haute équité qui les caractérise, on reconnaît que notre illustre Poitevin possédait au plus grand degré le talent du législateur, et qu'il était né peut-être plutôt encore pour composer les textes que pour les expliquer. Dans ces lois sévères, mais empreintes de la morale la plus pure, on trouve un corps entier de droit naturel, de droit des gens et de droit civil sur la matière du mariage.

Des citations de ce traité n'ajouteraient rien à son rare mérite, et seraient sans intérêt aujourd'hui, que les questions du droit coutumier ne sont plus guère susceptibles d'être discutées : je ne pourrais d'ailleurs en donner, sans entrer dans des développements que ne peut comporter une notice déjà chargée de détails. Mais pour faire comprendre toute la portée de l'immense travail de ce livre, il suffira de faire remarquer que l'ouvrage contient notamment 209 questions qui se rapportent plus directement à la coutume et qui sont toutes traitées à fond et résolues avec de grands développements, et la discussion de *toutes* les autorités pour et contre.

Cependant, si ce qui se rapporte au droit, proprement dit, était dégagé de l'érudition qui l'accompagne, ce traité serait beaucoup moins étendu ; mais on y trouve en même temps tout ce qui tient à la nature physique et morale de la femme, et tout ce que les mœurs, les religions diverses, les usages, préjugés, lois, coutumes, chez les différents peuples connus, ont statué, dit, défendu, toléré ou permis à l'égard du beau sexe.

C'est une encyclopédie véritable de la femme. On y voit la liste détaillée de toutes celles qui sont devenues célèbres, avec les causes de leur célébrité en divers genres, et les passages des auteurs s'y rapportant. On y lit même, avec un vif intérêt de curiosité, un glossaire savant de tous les ajustements des dames grecques et romaines, et toutes les parties du livre sont remplies d'une multitude de détails, de faits et d'anecdotes, qui égaient la gravité du sujet.

Plus de sept cent cinquante auteurs ou ouvrages divers sont cités dans ce traité, et une foule de passages de ces auteurs, discutés ou comparés entre eux. Enfin, comme dans tous les écrits de Tiraqueau, la jurisprudence y est constamment éclairée par le flambeau de l'histoire.

Cette vaste composition a été réimprimée bien des fois depuis 1515; mais la meilleure édition et la plus complète est celle qui se trouve dans là collection que publia Michel Tiraqueau en 1574, chez Rouïlle, à Lyon.

Elle y est précédée d'une grande quantité de pièces grecques et latines, en vers et en prose, contenant l'éloge de l'ouvrage et celui de l'auteur; mais ici le caractère des signataires de ces éloges ne permet pas de les confondre avec ces compliments banaux et ampoulés, qu'il était alors d'usage de placer en tête des productions, même les plus médiocres.

On y remarque notamment un savant avis au lecteur, composé par le président Jacques *Spifame*, et dont j'ai eu l'occasion de parler.

Parmi les pièces de vers, on en distingue surtout une de

Michel de l'Hospital, *poëme des plus élégants*, comme le dit Sainte-Marthe, et qui se termine ainsi :

« Tantò est humanis major mens ignea rebus
» Quæ penetrat cœlos et Tartara tendit ad ima,
» Dilatat, constringit, adauget, diminuit res. »

On y trouve également d'autres morceaux remarquables de magistrats du parlement de Paris, parmi lesquels figure Christophe *de Thou*, et de jurisconsultes, qui tous renchérissent sur le mérite de l'ouvrage, que l'Hospital préférait à tous ceux de l'auteur.

« At te *(disait-il)* non alio tantum jactaveris ullo. »

2° Le commentaire sur la loi *Si unquam*, Cod. de rev. donat., in-folio, 1534.

C'est un commentaire sur chaque mot de cette loi célèbre, que depuis Charles *Dumoulin* invoqua dans son fameux procès contre son frère, et qui révoquait les donations par la survenance d'enfants au donateur. Ce livre est moins orné de littérature que le traité sur les lois du mariage : c'est un véritable ouvrage de droit, qu'on lit encore avec fruit. La matière était ardue et obscurcie par une foule d'interprétations diverses : Tiraqueau éclaircit tout, et son consciencieux travail sur ce texte est justement apprécié dans les pays où, comme en Allemagne, on ne s'arrête pas à l'écorce des choses, et où l'on approfondit l'étude du droit romain.

J'ai déjà parlé de l'épître dédicatoire de ce commentaire, adressée au parlement de Bordeaux. On y voit que Tiraqueau, comme tous les hommes supérieurs qui savent se distinguer en sortant des routes battues, était alors en proie à des critiques injustes et passionnées ; il finit ainsi cette dédicace :

« Eos (commentarios) si probaveritis, facilè patiar im-
» probari à vitiligatoribus istis , qui nihil aliud quàm
» oblatrant , obganniunt, obmurmurant. »

C'est peut-être celui des ouvrages de Tiraqueau qui a été
le moins célébré par les vers et les éloges contemporains.

Toutefois le distique suivant de Pierre *Cognet* est ca-
ractéristique :

« Lata ferendave sit quænam sententia , disces
» Ita legens , si non undique cæcus eris. »

Tiraqueau avait dit lui-même , mais avec assez peu de
modestie :

« Est legis natura parens eademque magistra :
» Si nescis legito hoc, continuòque scies. »

3° *De utroque retractu municipali et conventionali.* Gros
in-folio , 1543.

On pourrait rigoureusement séparer ce livre en deux ,
quoique chacune de ses parties ait des points de contact
nombreux et forcés avec l'autre, et qu'elles aient été im-
primées simultanément.

Ce traité est tiré d'un commentaire entier sur la coutume
du Poitou qu'avait composé l'auteur, mais qui n'a point été
publié (1).

(1) Dans l'*avertissement* de cet ouvrage , on voit que le commentaire
entier de la coutume de Poitou était fort avancé. *Quod intrà paucos dies
quidem certè à me præstaretur, si res tanta occupatâ operâ et impedito
animo absolvi posset.* Il est à remarquer que presque tous les ouvrages de
Tiraqueau sur le droit se rapportent à quelques parties de la Coutume ,
et sont antérieurs à sa dernière réformation, qui n'eut lieu qu'en 1559 ;
la première réformation étant de 1514 , et le premier ouvrage de Tira-

La matière y est épuisée, à la manière de l'ouvrage de Dumoulin sur les fiefs : c'est une source féconde de principes bien posés, de déductions rigoureusement établies, et toutes les questions, dont le nombre est infini , et qui se rattachent aux retraits coutumier, féodal, censuel, lignager, de mi-denier et au réméré , y sont traitées avec précision et solidité, mais avec un peu d'indécision. C'était une des parties les plus obscures de notre ancien droit.

Les points difficiles y sont cependant discutés avec un soin minutieux, et accompagnés de tous les éclaircissements que l'histoire ou la littérature, la grammaire ou la philosophie peuvent fournir.

Ainsi , tout ce qui se rapporte à la *filiation* et à la *parenté* , chez tous les peuples, y est expliqué avec les autorités à l'appui.

S'agit-il de l'*année* , des *mois* , des *jours ?* tout ce qui peut s'y rattacher civilement, religieusement, astronomiquement , chez les diverses nations , est disertement expliqué et justifié par des citations de savants , d'historiens , de poëtes, d'orateurs, comme par l'autorité des jurisconsultes.

Est-il cas d'expliquer les *termes* , le sens des *mots ?* la logique, la grammaire et le droit viennent nous enseigner ce que c'est que le juste , l'injuste , l'équité , la modération , la miséricorde , l'égalité , l'humanité , l'interprétation , la sévérité, la stabilité , le scrupule , la conscience , etc. , etc. , et ainsi sur toutes les matières qui se présentent.

On voit de quelle immense étendue était le champ que l'auteur s'était proposé de parcourir, et il a su remplir cette rude tâche.

queau étant de 1515, il en résulte que tous ses écrits ont été composés sous l'empire de cette première réformation, à vrai dire la plus importante des deux.

Parmi plusieurs éloges en vers et en prose, l'Hospital a honoré ce traité d'une pièce en vers latins, que je regrette, vu son étendue, de ne pouvoir rapporter en entier, mais dont le dernier vers contient la plus honorable appréciation de l'ouvrage.

« Hunc ergò lege : proficies (mihi crede) legendo. »

4° *De nobilitate et jure primogenitorum*. In-folio, 1549.

Ce livre contient, à vrai dire, deux traités considérables, et qui pourraient être séparés ; mais ils se rattachent l'un à l'autre par beaucoup de points, et l'auteur, en les publiant dans le même volume, avait jugé lui-même qu'ils devaient former un seul corps d'ouvrage.

Il est orné d'une érudition prodigieuse, et fut dédié à *Henri II. Simon*, dans sa Bibliothèque de droit, nous apprend qu'il fut composé à l'occasion d'un arrêt célèbre rendu, en 1546, au rapport de Tiraqueau, et qui concernait les enfants du conseiller *Lamothe*.

Son défaut, comme ouvrage de droit, est de présenter la jurisprudence, en quelque sorte, comme noyée dans la littérature ; mais cette littérature n'en est pas moins des plus précieuses. Non-seulement l'auteur traite de la noblesse en général dans cet immense travail ; mais il examine la noblesse de chaque état en particulier, et détermine son rang dans l'échelle sociale. Il fait l'histoire de la profession dont il parle, rapporte tout ce qu'on peut dire pour et contre, et cite les personnages qui s'y sont distingués. On y trouve des choses fort curieuses sur les médecins et sur les avocats : Tiraqueau s'égaie parfois à leurs dépens, et mêle agréablement le badinage au sérieux. La richesse des documents que contient ce beau travail a été peu explorée : ceux qui s'en tiennent au simple titre *de Nobilitate*, que Moréri et les autres compilateurs se bornent à indiquer, seront sans doute fort éloignés d'aller consulter Tiraqueau sur l'excellence de la médecine et des autres sciences ou arts, dont il parle cependant avec autant de soin et de profondeur que s'il n'eût eu à traiter qu'un seul objet. Son livre est une véritable encyclopédie.

En tête du volume on voit un grand nombre de pièces de vers en grec et en latin, qui en forment en quelque sorte le frontispice.

J'en ai remarqué une de 250 vers latins : c'est une épître de Barthélemy *Faye*, conseiller au parlement, l'un des commissaires réformateurs de la coutume de Poitou, en 1559. Elle est adressée à Michel de l'*Hospital*, alors encore simple conseiller au parlement et envoyé du roi au concile de Bologne, et contient le plus brillant éloge de l'ouvrage de leur collègue. Je regrette de ne pouvoir la reproduire ici.

Parmi les autres pièces, trois fort remarquables sont de Christophe *de Thou*. Je citerai la plus courte :

« Jurisconsultis queis te ipse à scribere possim
» Non video : quare tu mihi celsus eris.
» Et cur non celsus? Virtus quem ad sidera tollit
» Summa, voluminibus nobilitata tuis? »

Il s'en trouve aussi, parmi beaucoup d'autres, une de Jacques *Filleau*, procureur du roi à Poitiers, et une de l'abbé de *Pellevé*, conseiller-clerc, depuis évêque et cardinal; mais de tous ces vers, je ne citerai qu'un quatrain du général de l'ordre des Barnabites, qui donne une idée exacte de l'étonnante érudition déployée par Tiraqueau dans cet ouvrage de sa vieillesse ; il avait en effet près de 70 ans en 1549.

« Fortunàte senex (*selon l'expression de de Thou, parodiée de Virgile*),
ergò tua scripta manebunt. »
« Scriptores omnes Latii, græci atque hebræi,
» Quos infinitus vel numeràre labor :
» Hoc uno in libro de nobilitate leguntur.
» Andrea tuus est bibliotheca liber. »

5° *Cessante causâ cessat effectus*. Petit in-folio, antérieur à 1549.

Ce petit traité, utile dans la pratique à l'époque où il parut, présente quarante limitations de la maxime qu'il développe. Il paraîtrait qu'il fut imprimé avant le traité *de Nobilitate*, sans pouvoir en préciser la date.

C'est en tête de l'édition de 1567 de cet ouvrage, que se trouve la précieuse lettre de Michel Tiraqueau, dont j'ai parlé plusieurs fois. On y trouve également une pièce de vers du président Christophe *de Thou*, et une autre du conseiller *du Lyon*, qui caractérise les œuvres de Tiraqueau par des expressions brèves et heureuses. Je ne puis rapporter ces morceaux, vu leur étendue ; je me bornerai à citer un quatrain du conseiller du Lyon, qui figure également en tête du traité :

« Doctorum es quod cura et amor, Tiraquelle, virorum
» Doctrina ac pietas relligioque facit.
» Hæc immortalis tibi cùm Deus omnia curet,
» Immortale etiam num tibi surget opus. »

6° *Le mort saisit le vif*. Petit in-folio, antérieur à 1549.
Cet ouvrage, écrit en latin, comme tous ceux de l'au-

teur, est précédé d'une excellente préface qui en fait connaître le plan et les divisions. Il peut passer pour un commentaire complet de cette maxime, qui est reproduite dans la plupart des anciennes coutumes. Il contient aussi de fort bonnes choses sur la matière des successions, comme elles étaient régies à l'époque de sa publication.

La dédicace faite aux avocats du parlement de Paris, se termine ainsi :

« Accipite igitur, oratores disertissimi, libellum hunc à » *Tiraquello vestro*, vestrìque studiosissimo.... »

Tiraqueau et ses œuvres étaient cités au barreau avec respect, et y faisaient autorité : l'on n'y proférait jamais ce nom vénéré, de même que celui de Cujas, sans y ajouter l'épithète de *noster*.

Tiraquellus noster, Cujaccius noster!!.. C'est sans doute une allusion à cet honorable usage, que fait la dédicace du traité.

Deux pièces de vers seulement se trouvent au frontispice; l'une du poëte loudunais *Salmon*, surnommé *Macrin*, et l'autre de *Dorat*. J'ai donné cette dernière à l'occasion du grand nombre d'enfants attribués à Tiraqueau. Je transcris ici les derniers vers de celle de Macrin :

. . . .

« Vos Servi, Domitique et Scævola nemo requiret,
   » In manibus nostris dùm Tiraquellus erit.
» Naturam effœtam non esse hic arguit unus
   » Cùm tales fructus fertilis illa parit. »

7° *De jure constituti possessorii*. Petit in-folio.

Ce livre, qui suivit le traité *de Nobilitate*, fut dédié au cardinal de Guise, archevêque de Reims, protecteur de Tiraqueau près du roi Henri II. Il est divisé en trois parties, les *ampliations* ou *extensions*, et les *limitations* ou *restrictions* de la clause que les jurisconsultes appelaient *clause de constitut* ou *précaire*. La lecture de ce traité peut être encore de quelque utilité.

8° Commentaire sur la loi : *Boves § hoc sermone*, ff., *de verb. sign.* Petit in-folio, 1554.

L'objet de ce commentaire, fort utile alors qu'il fut publié, était de bien distinguer les espèces dans lesquelles il fallait ou s'arrêter au premier acte, ou en faire de subséquents, et les conséquences à en tirer pour les nullités, etc.

Tiraqueau avait dédié ce livre à Nicolas *Pellevé*, depuis cardinal, qui avait professé le droit à Bourges dans sa jeunesse.

On lit, en tête du commentaire, deux petites pièces de vers, dont l'une de Barthélemy *Faye*, conseiller au parlement, qui fait remarquer, avec raison, que la matière se rattache au beau traité de l'auteur sur les lois du mariage.

« Hoc sermone brevi, dùm nupta erit arcta prioris
  » Fœdera conjugii significata magis,
» Protrahis in seram felix Tiraquelli senectam
  » Dùm juris multo hæc dogmate doctus obis.
» Fæcundo liceat tibi connubiala jura
  » Quæque his accedunt dessevere uberius. »

Cet ouvrage et les trois qui précèdent ont été réunis dans un seul volume in-folio, sous le titre de *Tractatus varii* : ils sont suivis de tables fort étendues, et complètent les œuvres publiées par l'auteur lui-même, au nombre de huit, ainsi que je l'ai dit.

Quant aux ouvrages posthumes de Tiraqueau, dont plusieurs ont une grande importance, et qui furent publiés pour la première fois par son fils *André*, ils sont au nombre de six.

1° *De privilegiis piæ causæ.*

Dédié par André, second du nom, au procureur général *Bourdin*; est de peu d'usage aujourd'hui. Dans les espèces que l'auteur indique, au nombre de trente-cinq, comme rentrant dans les donations pour cause pie, il comprend malicieusement le legs fait *meretrici, ut se corrigat.*

2° *De prescriptionibus,* d'après la coutume du Poitou.

C'est le commentaire de l'article premier du titre *de prescriptions* de cette coutume. La matière y est développée sous le point de vue historique, comme sous celui du droit. L'ouvrage est dédié au président de *Saint-André,* des enquêtes du parlement de Paris.

3° *De judicio in rebus exiguis ferendo.*

C'est un traité sur cet ancien brocard de palais : *Pour peu de chose, peu de plaid,* et l'un des plus utiles qu'ait composés l'auteur.

Il est moins précieux aujourd'hui que nos lois sont codifiées, et que les juridictions sont mieux réglées; mais il peut toutefois être consulté avec fruit par les juges des degrés inférieurs, qui trouveront encore des préceptes et des règles qui pourront les guider dans les cas analogues à ceux relevés par Tiraqueau.

4° *Res inter alios actas, aliis non præjudicare.*

On distingue clairement dans cet ouvrage les cas où la règle a lieu, d'avec ceux où elle ne peut recevoir application. On y reconnaît le jurisconsulte profond, guidé par l'expérience; mais là, comme dans ses autres ouvrages, on regrette que Tiraqueau, homme d'un esprit supérieur, suive la méthode des jurisconsultes de son temps, et donne toujours plus à l'autorité qu'au raisonnement.

5° *De pœnis legum, ac consuetudinum, statutorumque temperandis, aut etiam remittendis, et id quibus quotque ex causis.*

Ce traité fut dédié par André, second du nom, alors conseiller au parlement, au président *Séguier*.

Il y a beaucoup à apprendre dans ce précieux écrit, dont l'utilité était bien grande à une époque où les lois criminelles étaient peu précises, et admettaient souvent des peines arbitraires à prononcer par les juges.

On y remarque jusqu'à soixante-quatre causes d'adoucissement des peines, avec des autorités tirées des lois et des docteurs. Tout ce qui concerne l'ivresse, la folie, la fureur, la volonté, l'âge, les sexes, les passions violentes, et surtout l'amour, avec une multitude de circonstances et de combinaisons, y est traité d'une manière complète, avec raison, humanité et une haute sagesse. Ce qu'on y lit spécialement sur les fautes que la violence de l'amour fait commettre, est très-remarquable. Le raisonnement de l'auteur est basé sur cette vérité naturelle, que *l'amour est une espèce de fureur, un vrai délire : ceux qui aiment sont obsédés par ce délire; ils sont fous. Ainsi*, conclut Tiraqueau, *je crois pouvoir soutenir qu'on doit les punir plus légèrement, pour ne pas dire ne les punir même pas.*

Les réformateurs des lois pénales peuvent trouver dans ce petit traité, orné d'ailleurs de l'érudition la plus variée, une ample moisson d'arguments : on y rencontre presque tout ce qu'il y a de bon et de juste à dire sur ces graves matières.

On lit en tête d'une des éditions du *Pœnis legum*, des vers sur Tiraqueau, adressés au lecteur, qui se terminent ainsi :

. . . .

« Non cessavit opus quam æderet antè novum.
» Sic laudem fugiens habuit, sic ampla relata est
» Merces, si fias doctior hoc opere. »

Les cinq traités qui précèdent ont été réimprimés plusieurs fois, ils forment ensemble un volume in-folio.

6° *Semestria*, in-folio, 1586 (1).

Cet ouvrage, le plus étonnant peut-être qu'ait produit Tiraqueau, est un commentaire des *Dies geniales*, d'Alexandre *Alessandri*, plus connu sous le nom d'*Alexander ab Alexandro*.

On sait que cet écrivain napolitain, en traitant d'une manière fort agréable une foule de sujets divers, d'histoire, d'antiquités, de jurisprudence, à la manière de *Macrobe* et d'*Aulu-Gelle*, n'a indiqué, dans son livre, aucune des sources où il avait puisé, et ne cite aucuns garants de tout ce qu'il avance.

Notre malin vieillard, dans son commentaire (désormais inséparable de l'ouvrage d'*Alessandri*), a suppléé à ce défaut capital. Il indique, avec la plus scrupuleuse exactitude, toutes les autorités omises à dessein par l'auteur, soit qu'il ne tînt pas à justifier ses assertions, soit qu'il eût la vanité de vouloir passer pour original. Il n'y a pour ainsi dire pas une phrase de l'ouvrage, dont il n'indique la source.

S'il était possible, après avoir lu les œuvres de Tiraqueau, de douter de l'étendue de son savoir et de l'incroyable variété de ses connaissances, on en trouverait la preuve irrécusable dans ce seul commentaire, qui n'est pourtant que le fruit de ses loisirs, le produit des moments qu'il dérobait à des travaux plus sérieux, l'amusement de ses vacances.

Cet ouvrage colossal, et dont on ne peut se faire une juste idée qu'en le parcourant, ne fut imprimé qu'en 1586, long-temps après la mort de son auteur. Il a été réimprimé deux

---

(1) *Semestria*. Allusion au livre des jugements de l'empereur *Antonin*, qui, d'après *Ulpien*, s'appelait aussi *Semestria*.

fois depuis. La dernière édition, de 1673, est en deux volumes in-folio. Tous les autres ouvrages de notre illustre Poitevin ont été réimprimés pour la dernière fois en 1574, par les soins de son fils Michel, et forment cinq autres volumes in-folio, comme je l'ai déjà rappelé.

Tels sont les titres d'André Tiraqueau. Peu d'hommes célèbres en réunissent d'aussi nombreux, d'aussi honorables.

Ses contemporains lui rendirent pleine justice.

Son noble caractère, les vertus de sa vie privée, brillèrent constamment d'un éclat que rien ne vint obscurcir.

Ses productions, fort multipliées, furent toutes estimées, quoiqu'à des degrés différents; toutefois, aucune ne fut repoussée, ni par le public, si difficile à satisfaire, ni par les savants, juges éclairés en ces sortes de matières.

S'il eut des critiques, on ne cite plus guère qu'Amaury *Bouchard*, vice-président de Saintes, son ancien ami, qui écrivit contre les *Lois du mariage*, et qui publia, en 1522, l'*Apologie des dames*, en latin. Il faut avouer qu'il avait mal choisi en s'attaquant à l'ouvrage de Tiraqueau qui est, peut-être, son chef-d'œuvre, et la polémique qui s'ensuivit ne tourna pas à l'avantage de Bouchard (1).

Mais Tiraqueau, après sa mort, ne manqua pas de plagiaires.

Ainsi *Ménage* lui a emprunté, et sans presque y changer un mot, son *Historia mulierum philosopharum*, qui n'est que la *copie* de l'index qui se trouve dans le traité *De legibus connubialibus*. Ménage ne le nomme même pas; mais on sait qu'il ne faisait aucune difficulté de s'approprier ainsi le travail d'autrui.

(1) L'ouvrage de Bouchard n'est plus connu que par celui de Tiraqueau.

Bien d'autres ont également puisé dans les livres de Tiraqueau, et, comme Ménage, n'en ont rien dit.

Pithou accuse Barnabé *Brisson* lui-même d'avoir ainsi profité des travaux de son compatriote, en les compilant, et d'avoir édifié sur ces travaux une partie de sa réputation de grand jurisconsulte (1).

Tiraqueau eut aussi, de son vivant, à souffrir de la déloyauté des plagiaires, non moins poignante pour un auteur que les critiques injustes.

Le jurisconsulte *Chasseneux* (à Chassaneo), qui devint président du parlement d'Aix, et dont le nom est mêlé à l'histoire des Vaudois, copia notamment des pages entières de Tiraqueau, dans son grand ouvrage, *Catalogus gloriæ mundi*, sans lui faire l'honneur de citer son nom. Tiraqueau se crut en droit de s'en plaindre, et il le fit vivement, en démontrant que la défense de Chasseneux, qui n'avait pas craint lui-même d'attaquer son adversaire comme ayant copié *Lud. Cœl. Rhodiginus*, ne pouvait tourner qu'à sa honte (2).

On reprochait à Tiraqueau d'avoir trop bonne opinion de son savoir, et de rechercher avec passion la gloire et l'honneur, tout en témoignant du mépris pour ceux qui combattaient ses opinions.

Mais, d'un autre côté, on reconnaissait hautement ses titres à l'admiration générale.

Forster dit que c'était un homme d'une si grande lecture,

---

(1) Pithou avance aussi que le traité *de Formulis* de Brisson est l'ouvrage du président de *Ranconnet*. V. *Pithœana*, à la suite des Eloges des hommes savants de de Thou, par *Tessier*, t. 1er.

(2) On en trouve la preuve au traité du *Retrait lignager*, page 120, nº 76, édition de 1571. Il en existe aussi des traces dans une des éditions du traité *de Leg. conn.* que j'ai colligée. Les autres plagiaires ou critiques de Tiraqueau sont tombés dans l'oubli.

qu'il semble impossible qu'une même personne ait pu lire tous les livres qu'il a cités dans ses écrits (1). *Coras*, dans ses Mélanges, l'appelle *magnus vir, quem omni jure miretur posteritas.* Charles *Dumoulin* le traite de *Pictaviæ suæ perpetuum decus*, et j'ai déjà rappelé que Théodore de *Bèze* l'avait appelé le premier *alterum nostri sæculi Varronem.*

Il est permis d'être fier quand on mérite de pareils éloges.

L'ambition de Tiraqueau dut d'ailleurs être pleinement satisfaite.

Il fut aussi heureux qu'il est donné à l'homme de l'être, tant dans la vie privée que dans la vie publique. Il ne paraît pas, en effet, qu'il eut à se plaindre des biens de la fortune, et l'on sait que sa famille répondit à sa tendresse, et qu'il jouit du bonheur de la voir prospérer. Quant aux charges qu'il eut à remplir, elles étaient de nature à satisfaire son amour de la gloire ; la manière dont il y fut élevé leur donnait un prix inestimable.

Deux rois apprécièrent son haut mérite, que François Ier récompensa par des honneurs jusqu'alors sans exemple. Les parlements de Bordeaux et de Paris lui rendirent de véritables hommages. Tout ce que la haute magistrature avait d'illustre s'empressait à lui témoigner la plus touchante estime. Le cardinal de Lorraine, Mécène des hommes de talent, accourut au devant de lui et le fit accueillir avec faveur par Henri II, dans une cour peuplée des grands hommes que François Ier y avait attirés, et dont la plupart furent ses amis ou ses admirateurs.

Ce fut après une vie si remplie, après tant de succès divers, qu'André Tiraqueau, vénéré de toute la France, mourut, plein de jours, au milieu de ses amis et des nombreux

(1) *Forsterus*, Hist. juris.

enfants qu'il avait formés à l'honneur et à la vertu (1).

Né vers la fin du règne de Louis XI, Tiraqueau vit s'écouler successivement ceux de Charles VIII, de Louis XII, de François Ier et de Henri II presque entier, car il mourut peu de mois avant ce dernier prince.

Pendant ces temps si diversement agités, il demeura constamment étranger aux intrigues de la politique, et ne se fit remarquer que par son zèle à remplir ses hautes fonctions, et son ardeur infatigable à doter son pays d'ouvrages utiles.

Ses principes religieux ne furent nullement altérés par les nouvelles doctrines qui se prêchèrent à cette époque.

Collègue, émule et ami des de Thou, des l'Hospital, il marche leur égal dans l'estime des hommes ; et si ses nombreux écrits, dont plusieurs sont excellents, présentent quelques-uns des défauts que j'ai signalés comme généralement reprochés aux écrivains du seizième siècle, ils se distinguent entre tous par le vaste et profond savoir, la haute raison et le génie lumineux de l'auteur, que l'équitable postérité a placé à côté du grand *Cujas.*

(1) Obiit enim planè senex haud multò ante quàm inter Henricum secundum et Philippum Hispaniæ regem post bellorum offensiones de pace tandem per utriusque legatos ageretur. (*Ste-Marthe*, Elog.)

Il résulte de ce passage que Tiraqueau mourut en 1558, peu avant la paix de Cateau-Cambrésis, qui fut signée le 3 avril 1559, mais dont les négociations commencèrent en 1558. En admettant qu'il fût né en 1480, on voit qu'il avait au moins 78 ans. *Simon*, dans sa Bibliothèque, lui en donne 80. Sa femme était morte quelques années avant lui.

POITIERS. — IMPRIMERIE DE F.-A. SAURIN.

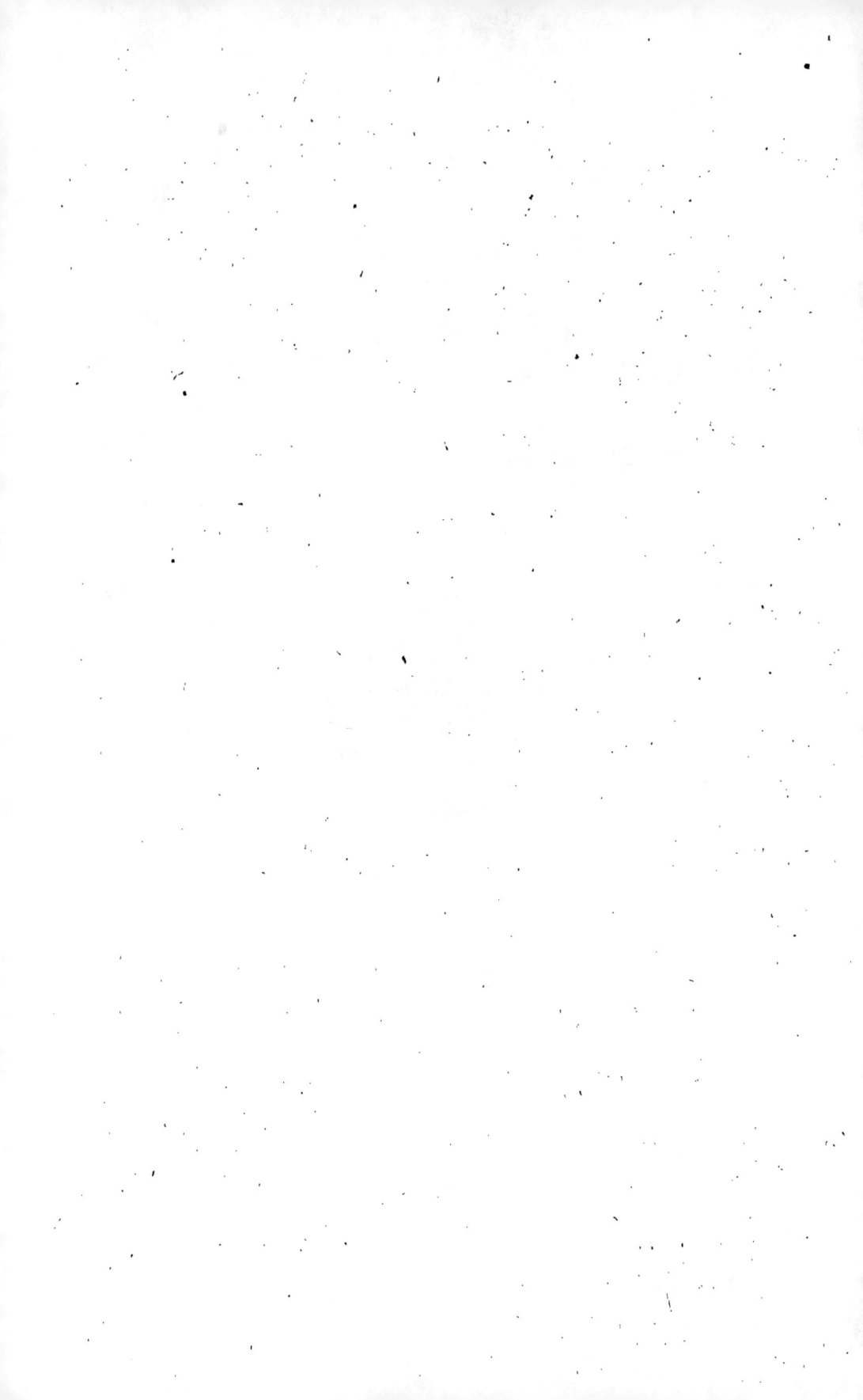

www.ingramcontent.com/pod-product-compliance
Lightning Source LLC
Chambersburg PA
CBHW071006280326
41934CB00009B/2193